2歳からあそべる

あべ えみこの 心ぽかぽか

ぽっけポ〜ッ

あべ えみこ・著　瀬戸口

ぽけっとぶっく シリーズ

「ぽっけポ〜ッ♥」のこころ!!

「明るくやさしく元気に育ちますように！」の願いに包まれながら育つ子どもたち。赤・青・黄色など、明るい色の服を着てキャッキャと甲高い声で笑いあそぶ子どもたち！　そんな子どもたちにデジタルな世界は似合いません。ところが、デジタル化とともに人間関係が希薄になり、“人づき合い”のヘタな大人が増えてきました。

その“人づき合い”を深める原点が、乳幼児期であるのは言うまでもありません。じゃれつきあそんでムギューして、人の心のぬくもりの種を心の奥にまく！　やがて芽を出し花が咲き、あったか〜い人づき合いの実を結ぶ!!

そんな願いを「ぽっけポ〜ッ♥」に込めました！　お母さんや保育者のポケットの中には、子どもたちを明るく元気にする魔法のしかけがいっぱい！　子どもたちもその魔法を楽しみにしています！

そのお手伝いをするために誕生したこの「ぽけっとぶっく」で、あったか〜い人づき合いの種をいっぱいまきましょう!!

瀬戸口清文（大妻女子大学教授・日本遊育研究所主宰）

フレーフレー キラキラ笑顔！

ポッポ～ッ♥

今日も「ハッピーワールド行き」の“ぽっけ”の汽車ポッポが、夢いっぱいの子どもたちを乗せてガッタンゴットンガッタンゴットン走ります！

みんなのわくわく旅のガイド役は先生方です♥　先生は、子どもたちがハッピーなときはもちろん、困ったときや緊張しているときも、いつもみんなが「幸せでうれしい顔」になれるよう願い、おまじない（楽しいあそび）をかける魔法使いなのではないでしょうか！

この本の中には、シンプルなふれあいあそびのほか、タップリンやかわいいパペットの歌あそびとお話、体を動かしてあそぶリズムあそび……etc.と、小さな魔法の種がいろいろ入っています。

これらの小さな魔法の種で先生たちの“ぽっけ”をいっぱいにして、先生方や子どもたちの心の庭に、あったかキラキラ笑顔の花を咲かせるお手伝いができたらとてもうれしいです。

あべ えみこ（歌手・日本遊育研究所研究員）

心ぽかぽか
ぽっけポ～ッ♥

第1章 あそびのぽっけ

第2章 おはなしぽっけ

第3章 リズムのぽっけ

1. ぽっけポ～ッ♥

「ぽっけ」の汽車ポッポが、今日もいろいろなお客さんを乗せてガッタンゴットン走ります♥　さあ、楽しいふれあいタイムの汽車ポッポに乗って「ぽっけポ～ッ♥」とあそびましょう。

作詞・作曲／あべ えみこ　瀬戸口清文

※最後のほうは、ゆっくりのテンポで表情豊かにうたってもよいですね。

ふれあいタイムに

♫ ぽっけのきしゃぽっぽ　ぽっけのきしゃぽっぽ

ポケットの中にクイズにしたい物を入れておき、ポケットをリズムに合わせてたたく。

♫ ガッタンゴットンはしる　だれかさんをのせて

両手を汽車の車輪のようにまわす。

♫「さあ、だれがのってるのかな～？」

ポケットから中の物をちょっと見せる。

♫「そう、パンダさん 大当たり～！」ぽっけポ～ッ♥

ポッケの中 いろいろ

●ぬいぐるみ

行事に合わせて用意してみましょう。

●葉っぱ

その他、ドングリ・貝・マツボックリなどの自然物。

●サンタクロース
（紙に描いて切り抜いたもの）

●カード

毎日の生活で使う物など。

●歯ブラシ／ハンカチ

●紙飛行機

アレンジ

並ぶときに

並んで移動するときなどに、うたいながら、
楽しく並びましょう。

お昼寝のときに

お昼寝のときに、やさしい声で
ゆっくりとうたって夢の国へ。

親子で

親子でうたい、あったかーいふれあいを
楽しんでね。

ひざに乗せて一緒に揺れる。

「ポ〜ッ♥」のところでほっぺたをくっつけたり、抱き合ったり、たかいたかいをしたり……etc.と、ふれあってあそびましょう。

汽車になって

保育室や園庭のいろいろなところを「駅」に見立てて止まったり、お客さんを乗せたりして、うたいながら“汽車ごっこ”で楽しくふれあってあそびましょう。

“ロンドン橋”のほか、“ジャンケン列車”などの汽車ゲームであそぶのもよいですね。

“ロンドン橋”のように

2.なんじゃら ほい

「さあ、よく見ていてね～！　かくれんぼしているのは、なんじゃらほい！」。楽しくゆかいな当てっこあそびです。

作詞・作曲／あべ えみこ　瀬戸口清文

ふれあいタイムに

半分の絵の中 かくれんぼ

半分に折った絵のシルエットを見せる。　　絵を広げて中身を見せる。

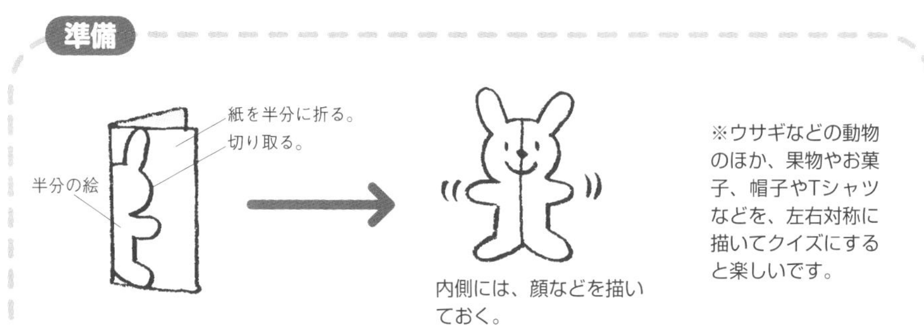

※ウサギなどの動物のほか、果物やお菓子、帽子やTシャツなどを、左右対称に描いてクイズにすると楽しいです。

手の中にかくれんぼ

準備

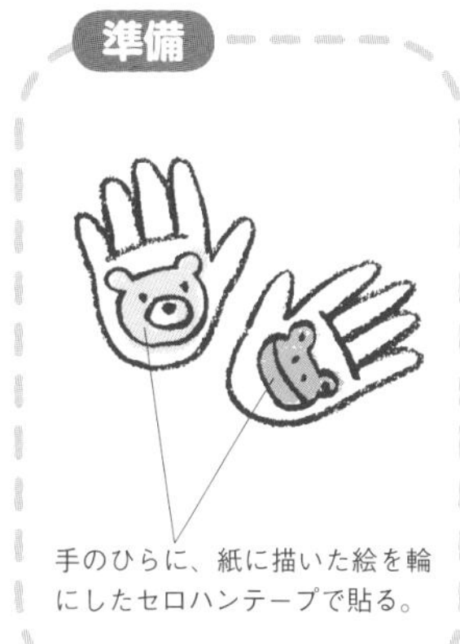

手のひらに、紙に描いた絵を輪にしたセロハンテープで貼る。

一瞬パッと開き、すぐに手をグーにする。

アレンジ

少しずつ指を開いていって、隠れているものを当てる。

消しゴムやクレヨンなど、手の中に入るサイズのものを持ってもクイズにできます。

カップの中にかくれんぼ

上のカップを少しずつまわして、下のカップの絵を当てましょう。

準備

準備

①画用紙で柵を作る。

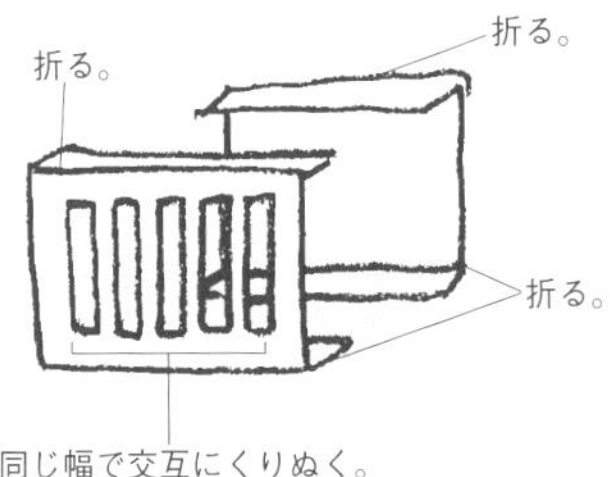

②正解を示すとき用の絵を描く。

③

④

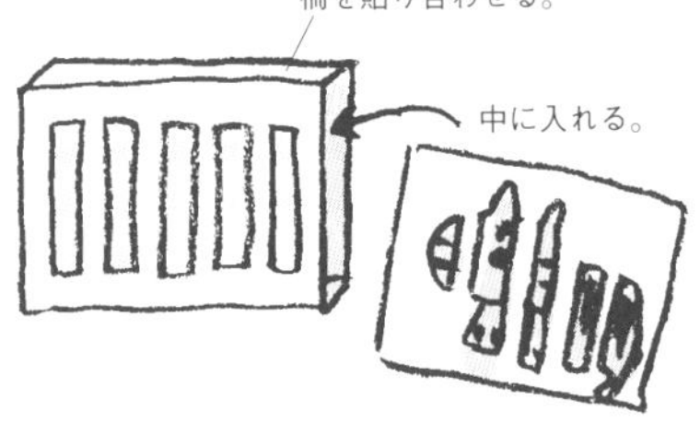

柵の向こうにかくれんぼ

①絵のないところから……

②紙を一瞬引いて絵を見せて、

③また戻す。

④柵から引き出した紙の裏面を
見せて、正解を示す。

準備

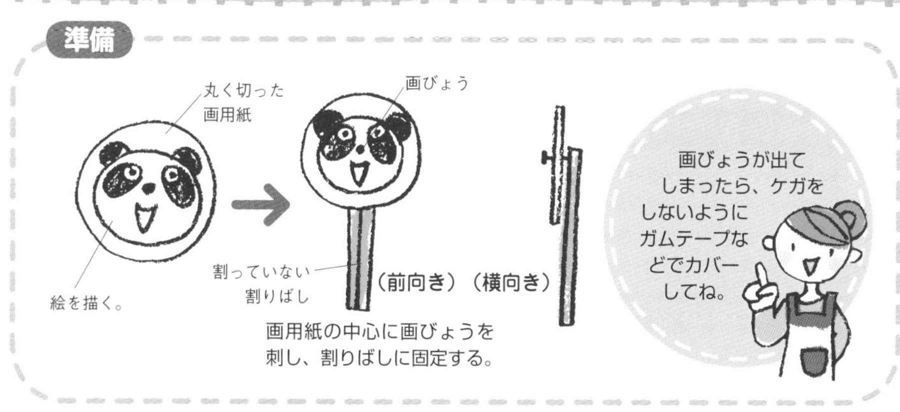

画用紙の中心に画びょうを刺し、割りばしに固定する。

ぐるぐる円盤の中にかくれんぼ

保育者は後ろを向き、絵が描かれた円盤を隠し持つ。

リズムにのってうたいながら、紙をまわして子どもたちのほうを向く。何の絵が描いてあるか当ててもらう。

さわってごらん なんじゃらほい

袋の中をさわって、
中の物を当てよう。

袋状の物の例

くつ下やハンカチのほか、紙袋や手袋でも!!

●くつ下

●ハンカチ

歌詞の「よくみてごらん」を「さわってごらん」に替えて、袋の中に入ってる物が何かを当てましょう。バスの中などでも楽しめますね!

まねっこしているのは なんじゃらほい

この動きはなんじゃらほい！
体をいっぱい使って、いろいろな表現を楽しみましょう！

3. カラードロップ

♪カラードロップ　カラードロップ　なにいろ？　箱や袋の中から何色のカラードロップが出てくるかな？　さあ、心もカラフルに、わくわくドキドキさせながら、いろいろな色であそびましょう。

作詞・作曲／あべ えみこ

カ ラー ドロッ プ カ ラー ドロッ プ な に い ろ
（「あか！」etc.）

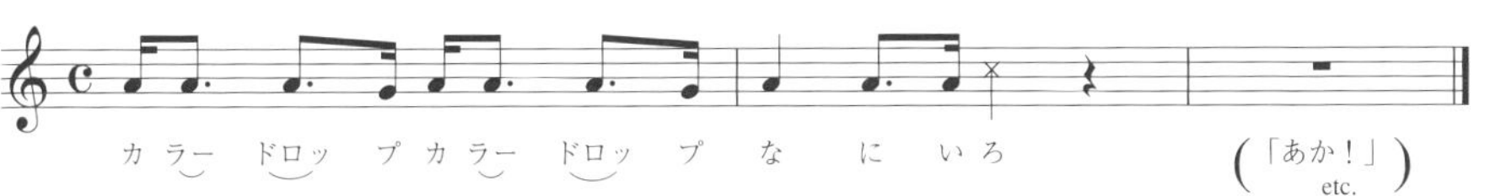

準備

●ボール（カラードロップ）

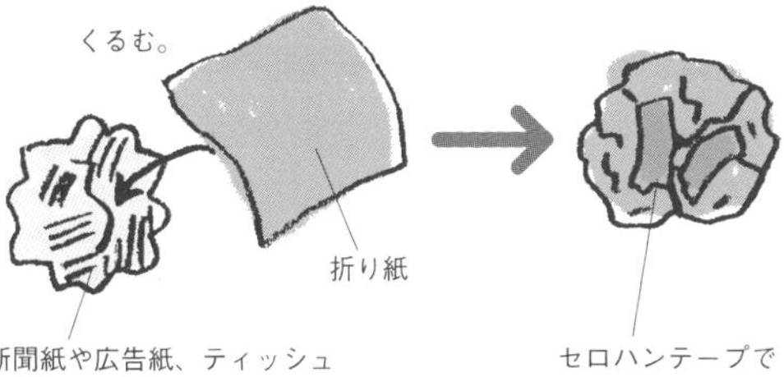

くるむ。
折り紙
新聞紙や広告紙、ティッシュペーパーなどを丸める。
セロハンテープでとめる。

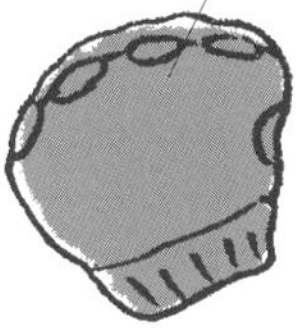

手袋などを2枚重ねて丸めてもよい。

●ボールを入れる箱や袋

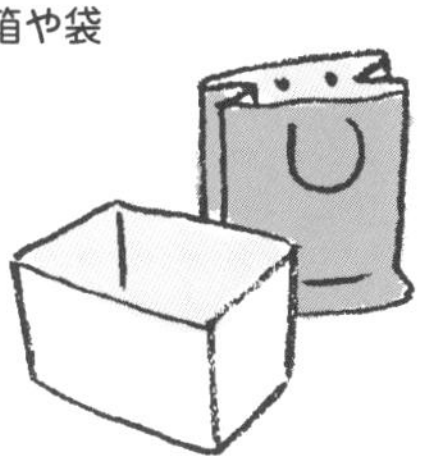

●椅子

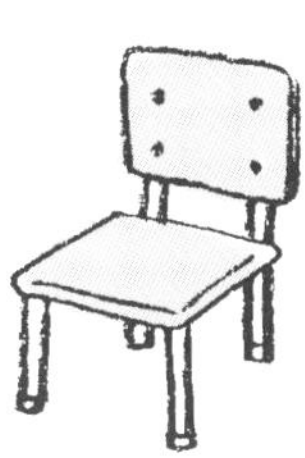

●紙テープや折り紙

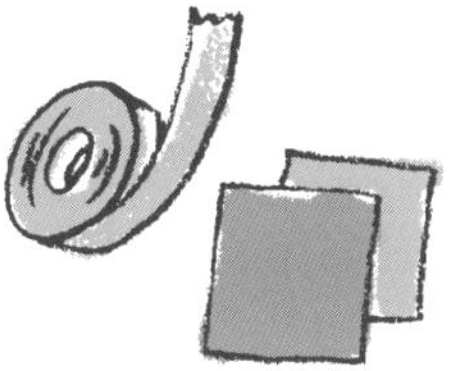

ふれあいゲームに

フルーツバスケットのように

スタンバイ

カラードロップの色と同じ色の
折り紙や紙テープを腕に巻く。

箱にカラードロップを入れておく。

①うたう。
②オニが箱からボールを取る。
③②で取ったボールと手首のテープの色が同じ子は席を移動する。オニも空いた席に座る。
④椅子に座れなかった子が次のオニになる。

色オニのように

①うたう。
②オニは箱からボールを取り、何色かを大きな声で言う。
③オニが言った色と同じ色をまわりから探してさわる。
④オニは、まだ色をさわってない人にタッチできる。タッチされた人は次のオニになる。

リレーゲーム

ハンカチや紙の上にカラードロップをのせて運ぶリレーゲームです。
力を合わせてがんばってね！

ここにカラードロップボールを入れて、スタート位置まで戻る。

色であそぼう

うたい終わるのと同時に、容器からボールを取り出します。友だちと同じ色が出たら「当たり〜！」。さぁ、ドキドキ感とわくわく感で、ハッピーな瞬間を楽しんでね。

色であそぼう（乳児向け）

色に興味の出てきた乳児クラスの子どもたちと、色でふれあいあそびをしましょう。あそびに慣れてきたら、子どもたちにカラードロップを選ぶ役をやってもらうのも楽しいですね！

保育者は、うたいながら箱や袋の中のボールを混ぜ、中から1つ取り出します。子どもたちはその色の名前を言います。

4.まんまる ぴったんこ

手をつないでくるくるりん！　ギューッとして、またね♥　たくさんのお友だちとふれあってあそびましょう。そして、みんなでどんどんつながっていくと、いつの間にか大きなハッピーサークルのできあがり！

作詞・作曲／あべ えみこ

ふれあいタイムに

① ♫ まんまる まるまる くるくるりん

2人組で手をつなぎ、リズムに合わせてまわる。

② ♫ なかよし

止まって顔を見合わせる。

③ ♫ ぴったんこ！

抱き合う。

④ ♫ ランラ ランラ ランラ ランラ ラーン

友だちにバイバイする。

バイバイ！

⑤ ♫ ラン！

違う友だちを見つけて２人組になる。

いろいろなお友だちとふれあいましょう！

アレンジ

うたいながら、小さな円から大きな円になってあそびましょう。

 ①～③の動きをする。

④ ♫ ランラ ランラ～

近くのグループと手をつなぎ、４人の円になる。

⑤ ♫ まんまる～なかよし

４人の円で①②の動きをする。②では円のままつないだ手を揺らす。

⑥ ♫ ぴったんこ！

小さく集まる。

⑦ ♫ ランラ ランラ～ラン！　～ぴったんこ！

大きな円になり、①②の動きをする。「ぴったんこ！」で中心に集まる。

5. わくわくタイマー

「もういいかい？」「まあだだよ！」。あらあら、もう少し時間がかかるみたいね……。そんなときこそ『わくわくタイマー』の出番です。ちょっとした時間をみんなで心一つにつながって楽しめるわくわくタイムに変身させちゃいましょう。

作詞・作曲／あべ えみこ

♫ まっててね　まっててね

リズムに合わせて、トントンパッを2回くり返す。

みんなが集まったときのちょっとした時間などに、うたってあそんで楽しく待てる魔法のタイマーです。

♫ わくわくタイマー

両手を胸の前でクロスする。

♫ かけよう

指先だけをトントントントンと動かす。

アレンジ いろいろなかぞえ方をして、あそびましょう。

パンダちゃんタイマー

「1　パンダ　2　パンダ……」

ねこちゃんタイマー

「1　にゃん　2　にゃんにゃん……」

……タイマーの数まで
続ける。

6.おほしさまのおさんぽ

キラキラきれいなお星さまが、みんなのところにお散歩にきましたよ。お星さまのキラキラパワーをいっぱいもらって、すてきに輝いてあそびましょう。

作詞・作曲／あべ えみこ

おほしさま キラキラ おさんぽ

両手を上にあげ、お星さまがキラキラするように動かしながら下へさげていく。

名前を呼ばれた子は、両手を上にあげてキラキラさせる。

アレンジ

お星さまがとまる場所を、いろいろと変えてあそびましょう。

異年齢で

<年長児> <年少児> <年中児>

男の子と女の子で

親子で向かい合って

頭をなでる。

全身をくすぐる。

そのほか、ほっぺにそっとタッチするなど、親子でスキンシップを楽しめます。

7. 3･2･1 かんぱ～い！

「かんぱ～い！」は、しぜんににこにこ笑顔になれる不思議な魔法の言葉。さあ、「かんぱ～い！」とカップを合わせながら、心豊かな幸せタイムを演出しましょう。ムードチェンジしたいときにも、おすすめです。

作詞・作曲／あべ えみこ

お誕生会や行事のお祝いに

♫ さあ いっしょに かんぱいしましょ
コップをもって よういして～
それでは～　3・2・1

リズムにのってうたう。

♫ かんぱ～い！

ムードチェンジしたいときに

手でコップを作り、飲み物を注ぐ
まねをしてから、みんなでうたう。

たくさん動いてクールダウンしたいときや、行事などみんなで集まって過ごしているときのムードチェンジにおすすめです!

うたい終わったら、乾杯して
飲むまねをする。

8. おかおの おてがみ

大好きなお友だちや、お父さん・お母さんなどにとびっきりすてきなお顔の「おてがみ」をプレゼントしましょう！　幸せいっぱいの温かいコミュニケーションで、大切な心のふれあいパワーをもっともっとアップさせましょう！

作詞・作曲／あべ えみこ
瀬戸口清文

ふれあいあそび

① ♫ おかおの

友だちと向かい合い、両手でほっぺをふんわりたたきながら、左右に首をかしげる。

② ♫ おてがみハッピーレター

①をくり返す。

③ ♫ だいすきな○ちゃんへ とどけます

両手でゆっくり顔を隠す。

④ ♫ ピンポー〜ン！

顔を隠していた両手をパッと開いて、にこにこ笑顔の「おてがみ」を届ける。

うたい終わったあとに、「大好き～」「こんにちは～」「ありがとう」など、いろいろな言葉を伝えると楽しいです。
また、乳幼児クラスでも、親子でふれあってあそんでみましょう。

アレンジ

うたい終わったあとにおもしろい顔をして、
にらめっこあそびをしてみましょう。

タップリンってな〜に？

カラフルな手袋の指先に、ボタンのような“チップ”のついた「タップリン」は、子どもたちの心をつなぐ、魔法の手袋。身のまわりのものをたたくと、楽しい音が踊るように聞こえてきます。また、いろいろな形に変身できるタップリンを使った手あそびも楽しいです。さあ、「ティップ　タップ」とリズムいっぱいに鳴らして、タップリンの世界を楽しみましょう！

タップリンは、第一章の「カラードロップ」（p.14〜）のほか、第二章（p.28〜）と第三章（p.52〜）のあそびでも使うことができます。

どんどん広がるタップリンの世界

机をタップ

友だちと一緒にリズムを合わせてたたきましょう。

シアター

紙芝居の台や手作りの舞台をたたいて、音楽に合わせて手のダンスをしてみましょう！

手作り楽器

身のまわりの物をたたいて楽器にしちゃいましょう。

タップリン

白いチップの裏（手袋の内側）はなめらかなプラスチックで固定しているので、肌にやさしく安全。

特殊硬質樹脂製の白いチップは音が大きく、歯切れがよい。

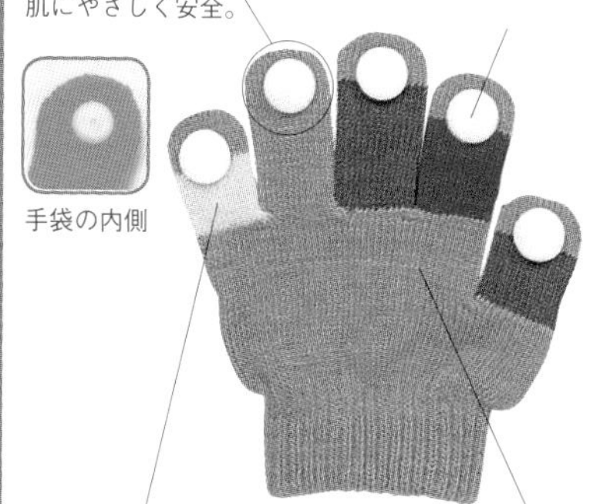

お父さん指が青、お母さん指が赤……と、指が色別になっていて指導しやすい。

伸び縮み自在で手にぴったりフィット。

※タップリンについてのお問い合わせは、最終ページをご覧ください。

チップのついたタップリンでいろいろな物をたたいてリズムあそび!!

発表会

振付やリズムを楽しみましょう！

パペット

タップリンで作ったパペットでお話しましょう。

変身タップリンいろいろ

タップリンをはめた手がいろいろな形に大変身！
パッと形を変えると、たちまち子どもたちの人気者になります。

●ライオン

両手のひらを重ねてパッと開く。

＊ライオンを使ったあそびはp.40に！

●ねこ／ぶた

〈手の甲側〉

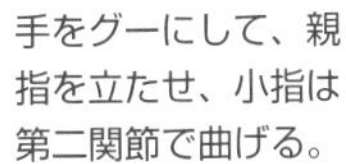
手をグーにして、親指を立たせ、小指は第二関節で曲げる。

手をグーにして、親指と小指をピンと立てて横に広げる。

●さかな

手を横に向けて、魚が泳ぐように動かす。

●熱帯魚

両手のひらを重ねてからパッと広げる。

●こいのぼり

手を縦に並べる。

●おばけ

魚の手を下に向けると……。

●ボール

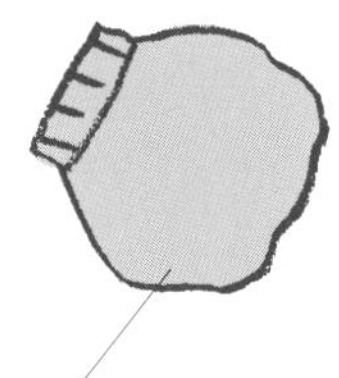

手袋を裏返す（両手分を重ねると大きなボールに）。

●ワニ

タッチフェルトで目と背を作る。

＊ワニを使ったあそびは、p.44に！

●カニ

〈手の甲側〉

●カタツムリ

チョキにした手の上にグーをのせる。

●むしさん

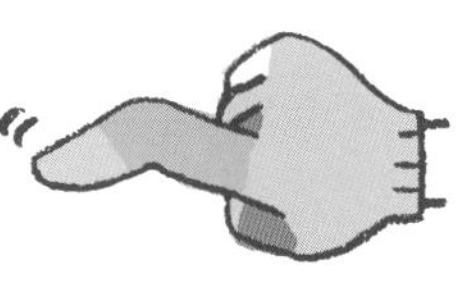

●とり

タッチフェルト

ボールにしたタップリンに、ティッシュペーパーを詰め、親指を差し込む。

●くじゃく

ボールにしたタップリンに両手の親指を入れる。

●ぞう／くま

＊ぞうを使ったあそびは、p.48に！

厚紙に指が入る穴を開ける。

●ポケット

画びょう

洗濯ばさみにひもを結ぶ。

洗濯ばさみ

9. はじまるよ はじまるよ

♪はじまるよ はじまるよ♪ 「わぁ、何が始まるのかなぁ。楽しみ～♥」。目をキラキラ輝かせて、わくわくタイムが始まります。その日の活動のはじまりや、きっかけづくりにおすすめです。

準備

タッチフェルトで
顔のパーツを作り、手袋に貼る。

〈手のひら側〉

※「タッチフェルト」は片面がシールになっているフェルトです。

何かを はじめるときに

＊園バスの中、朝の集まり、プログラムのはじめなどに。

♫ **はじまるよ はじまる**
リズムに合わせて手拍子する。

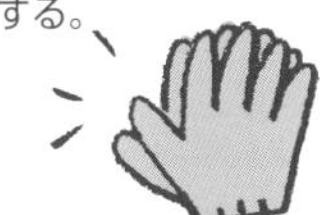

♫ **よ**
パッと開く。

♫ **はじまるよ**
ワイパーのように左右に揺らす。

♫ **イェイ!**

♫ **きょうは**

♫ **どんなこと**

♫ **しようか**

♫ **な　さぁ!**

♫ **はじまる**

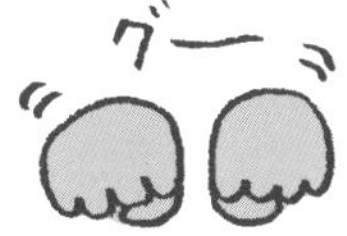

♫ **よ**
手を振る。

♫ **イェイ!**

作詞・作曲／あべ えみこ
瀬戸口清文

〈うたったあとのお話例〉

今日は何してあそぶ？

今日はね、○○公園に
おさんぽに行くんだって！

わぁ！　じゃあ、どんぐりいっぱい拾おうよ！

うん！　ねぇ、みんなは何したい？
（子どもたちに語りかける）

（反応を見て）
楽しみだね。

公園へ行くときと帰り道は、
ちゃんと、おててをつないでいこうね！

10.きいて きいて

「みんな、聞いて聞いて！　大事なお話があるの！！」。次の日の連絡や子どもたちに伝えたいメッセージを、かわいい手袋パペットで楽しく伝えましょう。

準備

①利き手側の手袋の親指を中に入れる。

②利き手ではないほうの手袋の人差し指と小指を手のひら側で結ぶ。

③②を、耳の部分になる中指・薬指を残して裏返す。

〈利き手側〉

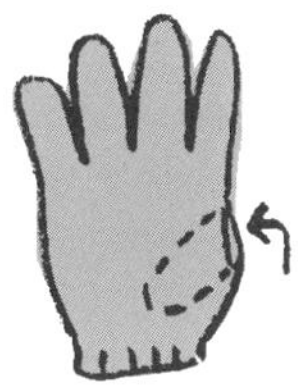

〈利き手の逆側〉

④③にタッチフェルトで作った目･鼻･ほっぺを貼る。

⑤①の中指・薬指に④を入れる。

※顔の形を整えたいときは、中にティッシュペーパーを詰める。

作詞・作曲／あべ えみこ

うたったあとは……

1
お手紙が来ているよ。

2
うさちゃんありがとう。誰からかなあ？

3
ひまわりぐみさんへ
あしたはえんそくです
おべんとうとすいとうと
ピカピカのえがおを
わすれないで
もってきてね。
えんちょう
せんせいより

4
園長先生からだね！お弁当と水筒とピカピカの笑顔だって！
★大切なところをパペットがくり返し言う。

5
忘れないでね！
はーい！

大切な連絡があるときに、子どもたちに忘れずに覚えてもらえるように、うさちゃんの力を借りてみてね♥

11.おかあさん

ねえ、みんな、手袋の指先をよーく見てごらん。うたうのが大好きなフィンガー合唱団があそびにきたよ。今日はみんなの大好きな「おかあさん」の歌を一緒にうたいましょうね。

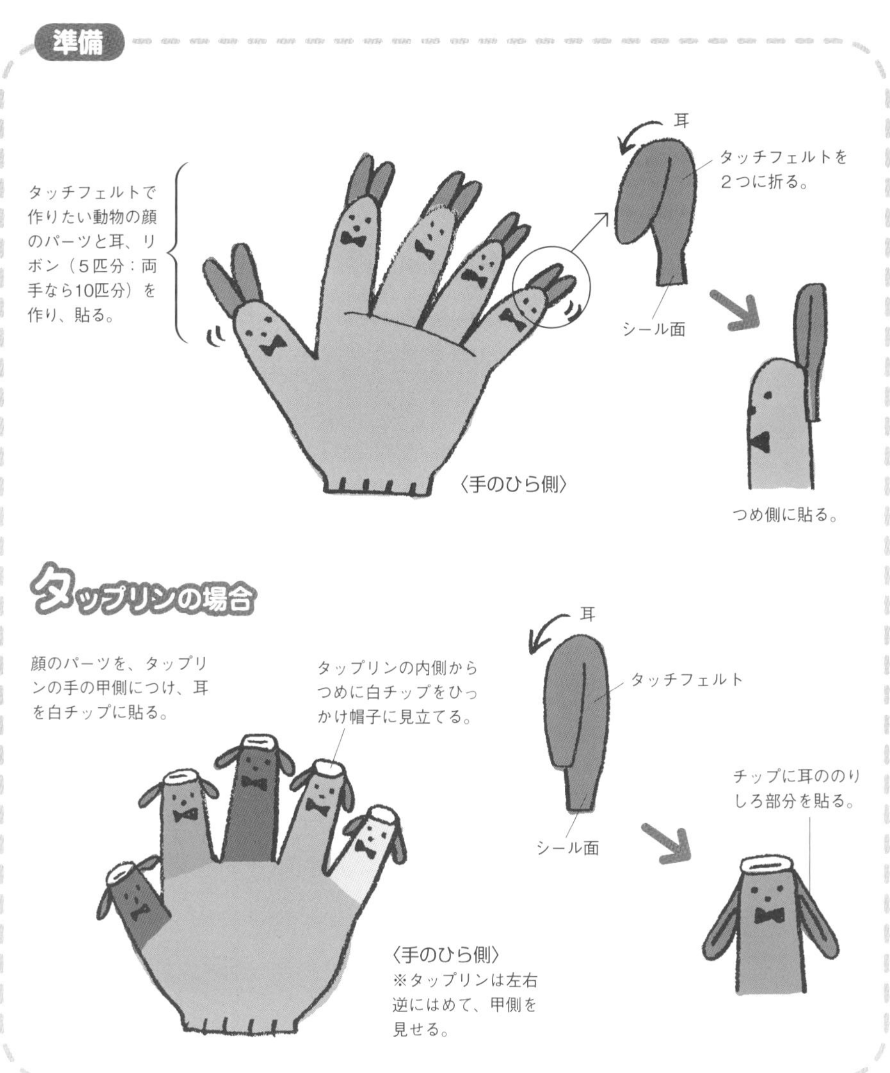

作詞／田中ナナ　作曲／中田喜直

母の日に向けて

私たちフィンガー合唱団！
今日は「おかあさん」をうたいま～す！
みんなも一緒にうたってね！
ほかにも、いろいろな歌を
うたって楽しんでね。

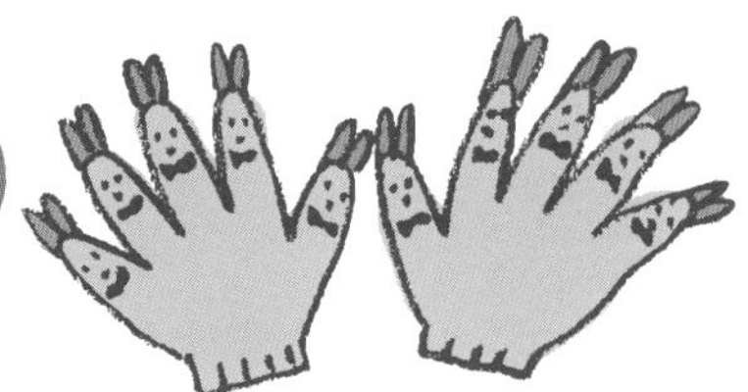

♫ おかあさん

小指のみ動かす。

♫ なあに

人差し指のみ動かす。

♫ おかあさんて いいにおい

小指のみ動かす。

♫ せんたくしていたにおいでしょ しゃぼんのあわのにおいでしょ

人差し指のみ動かす。

わぁ、お母さん
大好き♥

12.おはながわらった

「わあ、みんなのお部屋に、おててのかわいいお花が咲いたね！　きっとお庭や公園にもきれいなお花が咲いているよ。みんなで見に行こうか」など、歌をきっかけに身のまわりの自然とのふれあいを楽しみましょう。

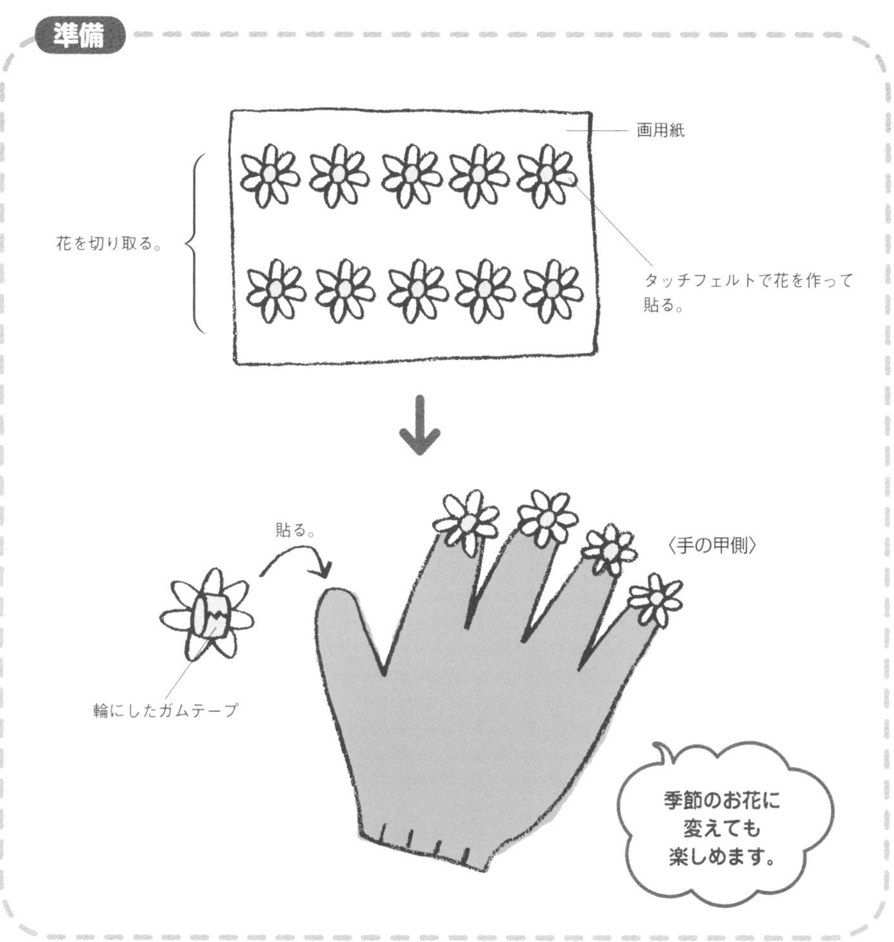

作詞／保富庚午　作曲／湯山 昭

ふれあいタイムに

＊花が咲く季節やお散歩の前後などに。

① グーにした両手の甲を子どもたちのほうへ見せる。

② グーにした手を震わせ、指を第2関節まで伸ばす。

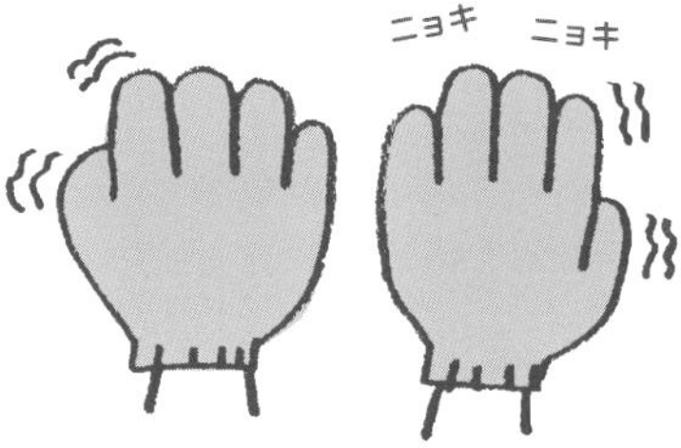

③

みんなで一緒にうたって起こしてあげよう！

♫ おはながわらった～　おはながわらった

片方の手の花を1本ずつ咲かせる。

♫ みんなわらった

もう片方の手の花は一度に咲かせる。

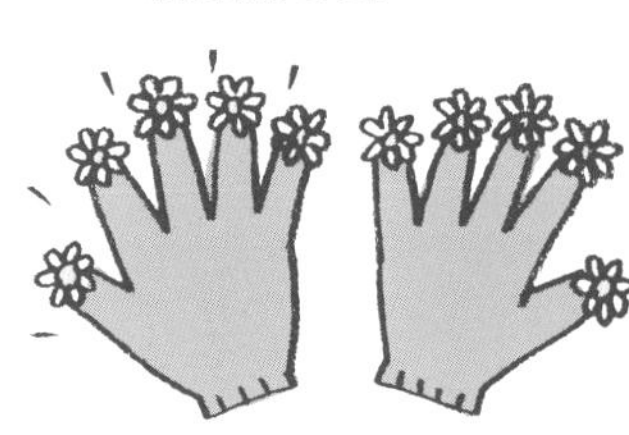

♫ いちどにわらった

花の形を作る。

チョウチョウに変身して、いろいろなところにと～まれ！　ふれあいあそびも楽しいです。
また、軍手の代わりにタップリンを使ったときは、「お花のタップダンス」もしてみよう！

13.まねっこライオン

ブーブー、ニャーニャー、パオーン！ “まねっこ”って楽しいね♥ かわいいパペット、「まねっこライオン」と一緒に、いろいろな動物に変身してあそびましょう。

作詞・作曲／あべ えみこ

ふれあいあそびに

♫ まねっこライオン

指を組み、顔のほうを子どもたちに見せる。

♫ ガ　オ～　ガ　オ～

手のひらを合わせたまま、指をパッと開いたり、戻したりする。

♫ キツネさん

キツネを作り、上下に揺らす。

キツネを上下に揺らし、まわりの人のキツネと、鼻を合わせる。

両手を、いろいろな形（カニ・カタツムリ・チョウチョウ・花など）に変身させてふれあってね！

♫ むしさん

人差し指を立て、指の曲げ伸ばしをする。

隣の人とごあいさつ。

アレンジ1

「♪むしさん」のところで、「むしさんの友だちがいっぱい来たよ」と両手の指を全部広げ、最後は隣のお友だちや保育者とくすぐり合っちゃいましょう！

アレンジ2

「キツネさん」や「むしさん」のところで、リズムのまねっこをしてみましょう。

（保育者または子どものリーダー役）

保育者（または子どものリーダー役）が作るリズムを、ひざをたたいたり、手をたたいたりしてまねする。

14. 今日は○○ちゃんのおたんじょうび

今日は○○ちゃんのお誕生日！　ケーキやピアノのトレイパペットのリズムにのせて、クラスのみんなでうたい、「おめでとう」の拍手をいっぱい送りましょう♥

準備

ケーキ

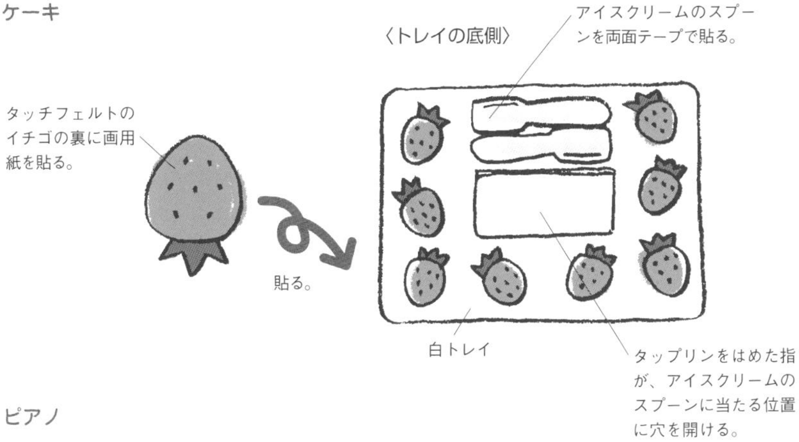

〈トレイの底側〉

タッチフェルトのイチゴの裏に画用紙を貼る。

貼る。

アイスクリームのスプーンを両面テープで貼る。

白トレイ

タップリンをはめた指が、アイスクリームのスプーンに当たる位置に穴を開ける。

ピアノ

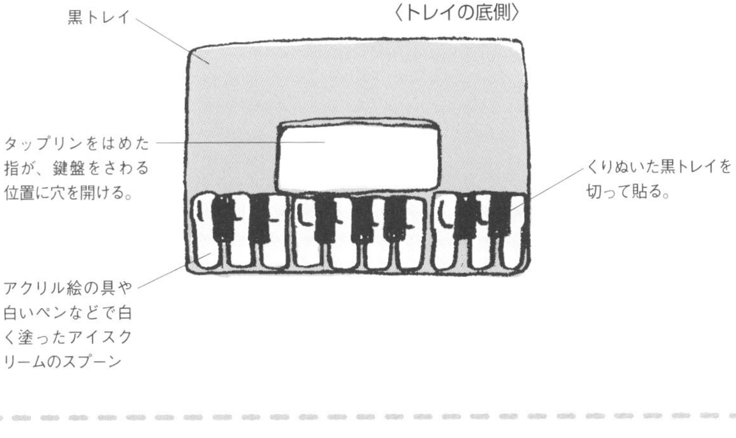

〈トレイの底側〉

黒トレイ

タップリンをはめた指が、鍵盤をさわる位置に穴を開ける。

くりぬいた黒トレイを切って貼る。

アクリル絵の具や白いペンなどで白く塗ったアイスクリームのスプーン

お誕生日のお祝いに

〈おはなし例〉

1

今日は△月□日、
○○ちゃんの
お誕生日です！
先生ね、ケーキを
作ってきたのよ。

2

ジャーン

みんなで
お祝い
しましょう。

3

★タップリンをはめた指で
アイスクリームのスプーン
をたたいて、リズムをとる。

4

みんなで
拍手の
プレゼントを
しましょう♥

おめでとう!!

ありがとう!!

大きな「お誕生日会」でなくても、
クラスにお誕生日のお友だちがいたら、
みんなでお祝いしよう♥
そのお手伝いに、
トレイパペットを使ってみてね♥
「ケーキ」のほかに、
「ピアノ」のトレイパペットを
使っても楽しいですね！

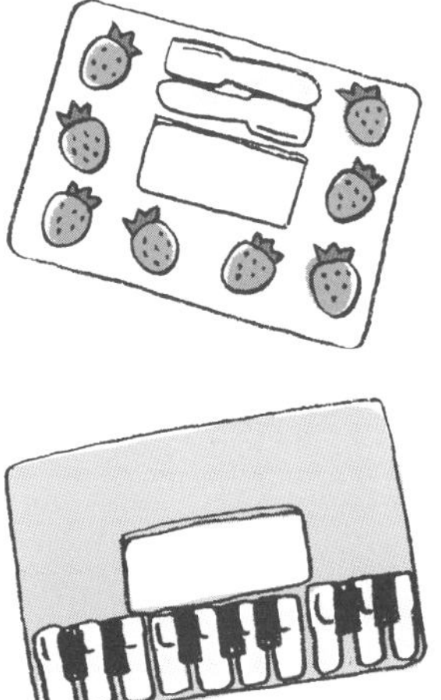

15.Dr. ワニーと あそぼう

（はみがきしよう/Dr.ワニーのお悩み相談室）

Dr.ワニーは、自慢のじょうぶな歯を「カッチカッチ」と鳴らしながら、みんなのお手伝いをするのが大好き！　今日もみんなと一緒に歯みがきしたり、お話したり、たくさんふれあってあそびます。

準備

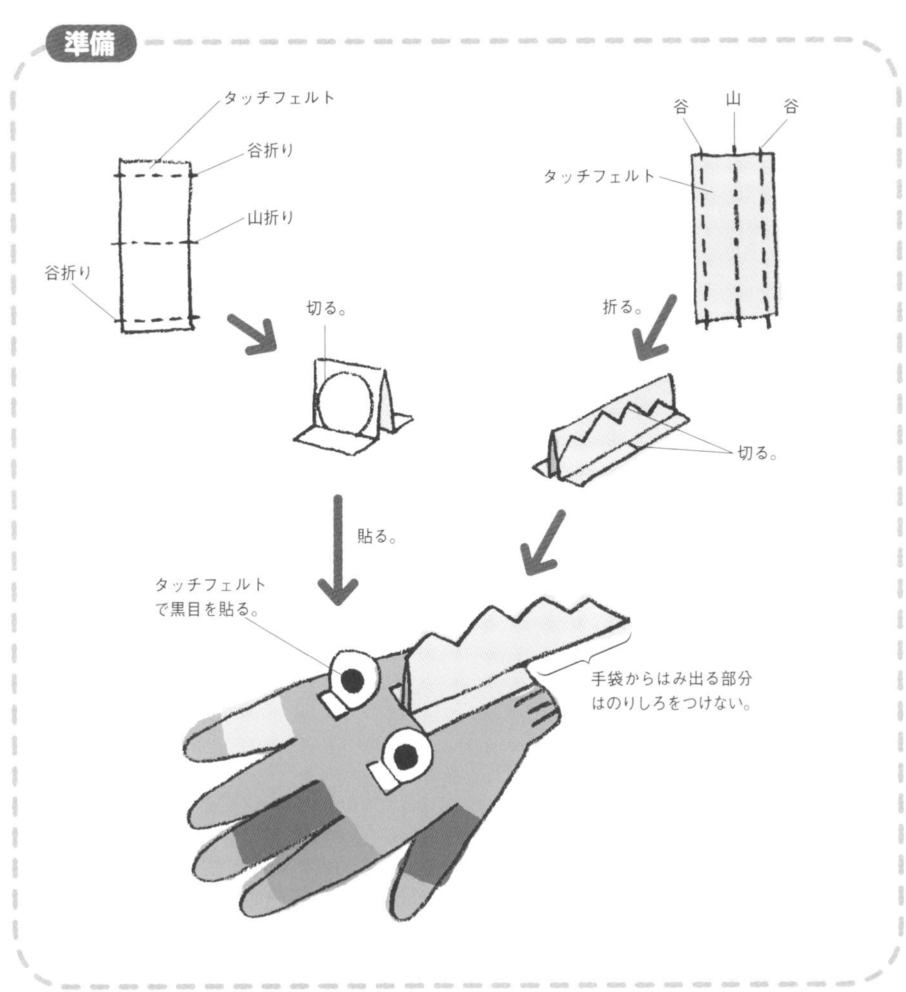

「Dr. ワニーとあそぼう」

作詞・作曲／あべ えみこ
瀬戸口清文

ふれあいあそび

「カチカチ パックーン！」と、いろいろなところをパックーン！して友だちや親子で楽しくパクパクふれあいましょう！

アレンジ

ちょっと大きなワニさん

両手のひらを合わせ、パクパクさせてふれあう。

とっても大きなワニさんでムギュー

両腕を使ってパクパクさせ、ムギューと抱き合う。

「はみがき ハハハ」

作詞・作曲／あべ えみこ
瀬戸口清文

1.はみがき ハ ハ ハ ハブラシ ハイ ハイ ハイ きれいにピカピカ みがいちゃおう！
2.うえのはシュッ シュッ シュッ したのはシュッシュッシュッ まえのはおくのは シュッシュッシュッ
3.ゆすぐよクチュ クチュ ペッ きれいにクチュクチュ ペッ はみがきできたよ ハ ハ ハ

はみがきしよう

さぁ みんなで
歯がじょうぶな
Dr. ワニーと
歯みがきしよう。

おててのの
歯ブラシを
ピッ！

歯みがきや虫歯予防のお話をしたいときなどにうたってね！

1番

♫ はみがき
ハハハ

リズムに合わせてカチカチ音を出す。

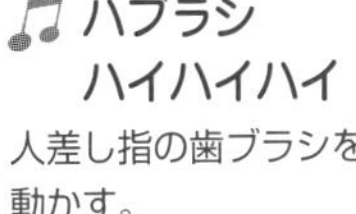

♫ ハブラシ
ハイハイハイ

人差し指の歯ブラシを動かす。

♫ きれいにピカピカ
みがいちゃおう！

リズムに合わせて踊る。

2番

♫ うえのは シュッシュッシュ
したのは シュッシュッシュッ
まえのは おくのは
シュッシュッシュッ

歌詞に合わせて、歯をみがくしぐさをする。

3番

♫ ゆすぐよ クチュクチュペッ
きれいに クチュクチュペッ

手でコップを作ってうがいする。

♫ はみがき
できたよ

リズムに合わせてカチカチ音を出す。

♫ ハハハ

口を大きく開ける。

みんな
きれいになったね～♥
また歯みがき
しようね。

「Dr. ワニーのお悩み相談室」

作詞・作曲／あべ えみこ

Dr.ワニーのお悩み相談室

♪ドクターワニーのー
おなやみそうだんしつ〜

はーい、みなさん
こんにちワニ〜。
今日も、カッチカチやでぇ！
さあ、今日のお悩み相談は
だれかなぁ〜？　どーぞ！！

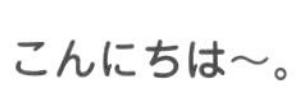

こんにちは〜。

くつ下くんだね、
お悩みはなあに？

迷子になっちゃったの〜。

お名前は？

わからないの。

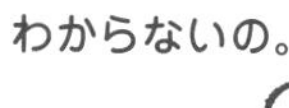

書かれていないんだね〜、
どこで迷子になったの？

困ったことは、Dr. ワニーとクラスのみんなで話し合って解決しちゃいましょう！

くつ箱の前〜。

じゃあ、みんなに聞いてみるね。
みんな！　このくつ下くん
知ってる？

＊子どもたちの反応を待つ。持ち主がわかったら、「よかったね」と言って返す。わからなかったら、「○○先生に預かってもらうから、わかったら教えてね」「忘れもの入れに入れておくから取りに来てね」などと伝える。

では〜、またお悩み相談
待ってま〜す！　じゃあね〜！

16.プチぞうくんと あそぼう

紙で作った小さなパペット「プチぞうくん」とうたったり、お話したり、タップしたり……と楽しいふれあいタイムを演出しましょう。

準備

ふれあいタイムに

散歩に行こう！

台の上にいろいろな物を置き、みんなで散歩してみましょう。音の違いを感じたり、形や大きさによって歩き方を変えたりしてあそびます。

いないいない ばぁ！

プラスチックのコップなど、硬い物の後ろにプチぞうくんを隠して……、「ばぁ！」と登場させましょう。コップの底に乗せると、音がして楽しいです。

親子で一緒に

先生用タップリンと園児用タップリンで、歌に合わせてタップしてもいいですね。チップの音がするので、まるでタップダンスをしているみたいです。また、小さな子どもたちとは、プチぞうくんを使ってふれあいあそびを楽しみましょう。

運動会前などに

『がんばれプチぞうくん』 ※演じやすいほうの手をプチぞうくんにしましょう。

クリスマス前に

準備

“ルドちゃん”と“クリスマス用 プチぞうくん”を作る。

① 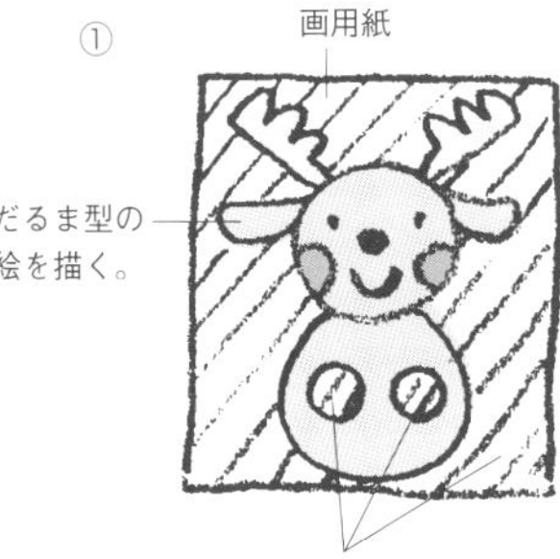

②開けた穴から、タップリンをはめた人差し指・中指を出す。

クリスマス風に帽子をかぶったプチぞうくんを作る。

後ろに隠しておいたルドちゃんとサンタ（プチぞう）を出す。

『サンタさんにプレゼント』

ねえ、ルドちゃん、
もうすぐクリスマスだね。

うん、そうだね。楽しみだね～。

ルドちゃんは今年もサンタさんの
お手伝いするの？

うん、プレゼントを
配るお手伝いするよ！
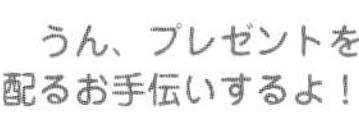

すごいなぁ～。ねえ、サンタさんは
プレゼントもらえるのかなぁ～？

う～ん、きっと、みんなのニコニコ
のお顔がプレゼントだよ♥

そうっかぁ。ねえ、ルドちゃん、
今年はみんなで、サンタさんに歌
のプレゼントしようよ。

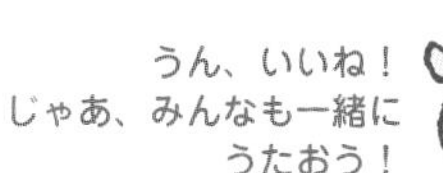
うん、いいね！
じゃあ、みんなも一緒に
うたおう！

＊クリスマスにちなんだ歌をうたって、
タップリンでリズムをとる。

17.かえるの合唱 年少〜年中児向け

〜日常保育から発表会まで〜

雨の日、静かに耳をすますと、雨粒たちがいろいろなものと楽しくタップしている音が聞こえてきますよ♥　さあ、みんなで雨の大好きなカエルさんになって、楽しくタップあそびをしましょう。

準備　雨の日に１

作詞／岡本敏明
ドイツ曲

雨の日に1

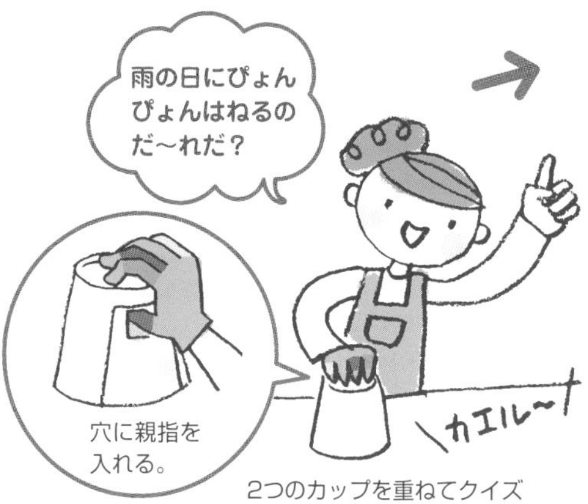

雨の日にぴょんぴょんはねるのだ〜れだ？

穴に親指を入れる。

カエル〜！

2つのカップを重ねてクイズ

当たり〜

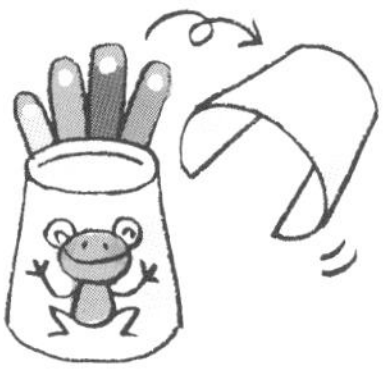

上にかぶせていたカップをはずす。

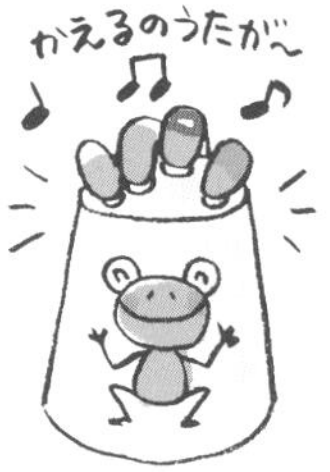

かえるのうたが〜

歌に合わせてタップする。

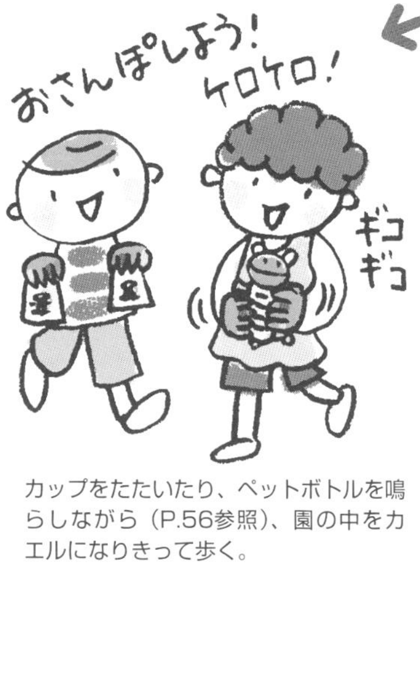

おさんぽしよう！

ケロケロ！

ギコギコ

カップをたたいたり、ペットボトルを鳴らしながら（P.56参照）、園の中をカエルになりきって歩く。

アレンジ

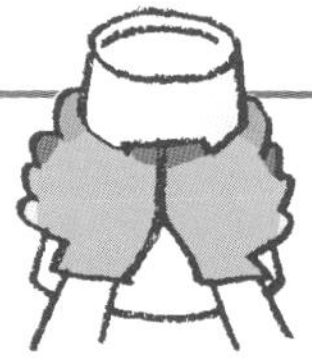

後ろの穴に両手の親指を入れる。

いないいないない

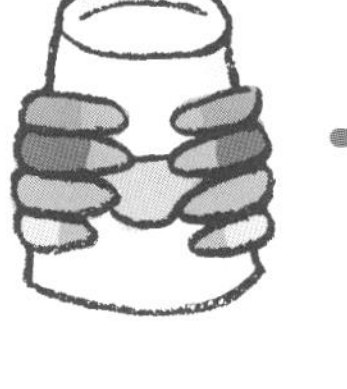

ばあ！

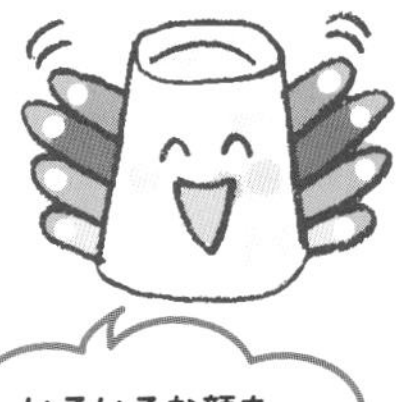

いろいろな顔を描いてみてね。

雨の日に2

雨の日は、雨粒もお外でいろいろなものとタップあそびをしていますョ！　お部屋の中でも、みんなでタップあそびで楽しみましょ！

準備

●タップリン

さぁ、タップしたいものを探して持ってきて、まあるくなって座ってね！そして、持ってきたものを前に置いてください。

＊壊れたり、ケガをしたりしないものを選んでね！

① ♫ カエルのうたがきこえてくるよ

両手を左右に揺らす。

② ♫ クヮクヮクヮクヮ

リズムに合わせてトントンとタップする。

③ ♫ ケケケケケケケケ

たくさんタップする（ドラムロール）。

④ ♫ クヮクヮクヮ

リズムに合わせてトントンとタップする。

♫（間奏）
立って、物のまわりをまわる。

保育者の合図で止まったときに、一番近い物の前に座り、①〜④をくり返す。

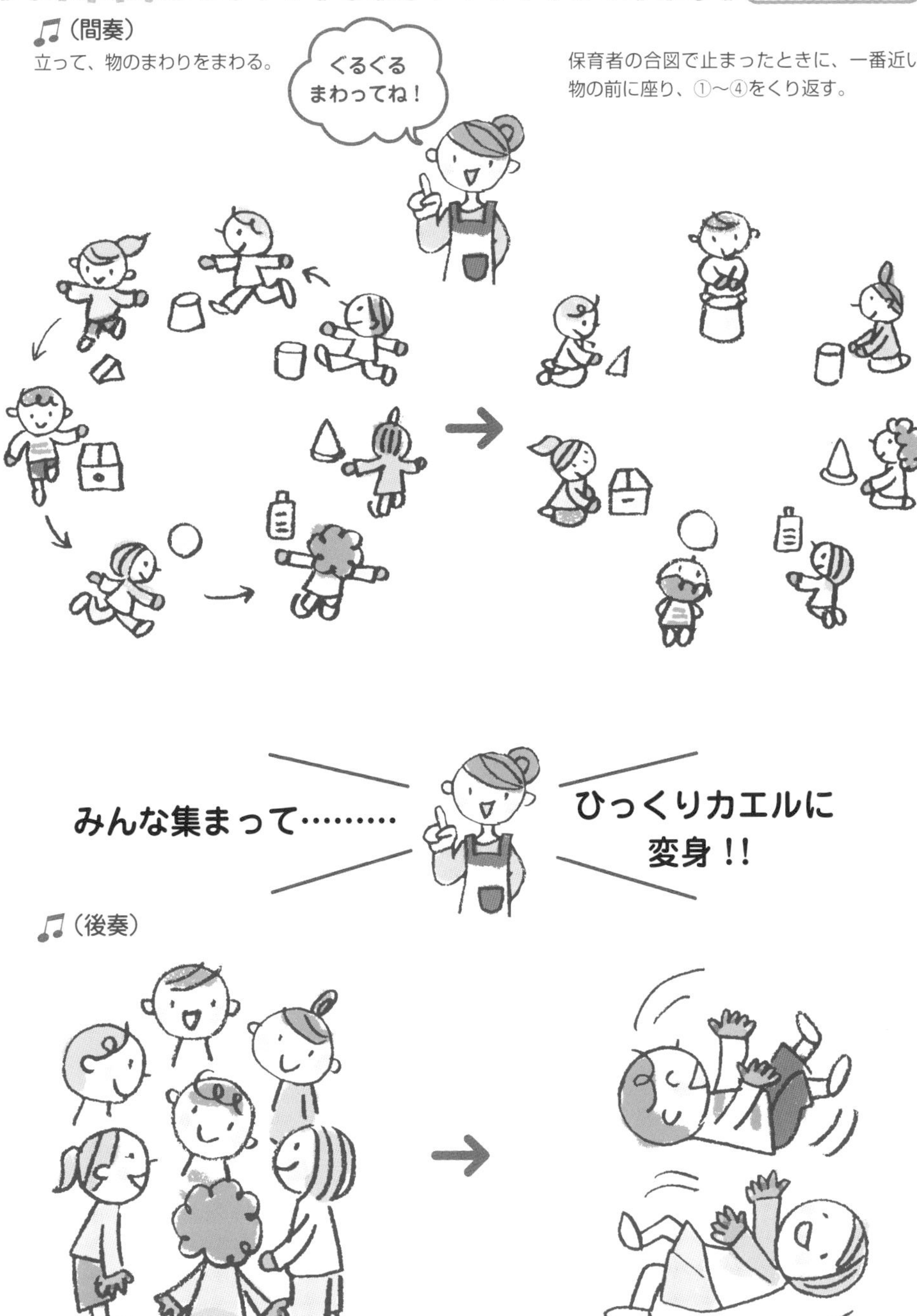

♫（後奏）

準備 発表会に

■材料

- カラービニパック
- ペットボトル
- 色画用紙
- 油性ペン
- はさみ
- セロハンテープ
- タップリン
- 画用紙（白）
- ティッシュペーパー
- 黒ゴム （40cmくらい）

■作り方

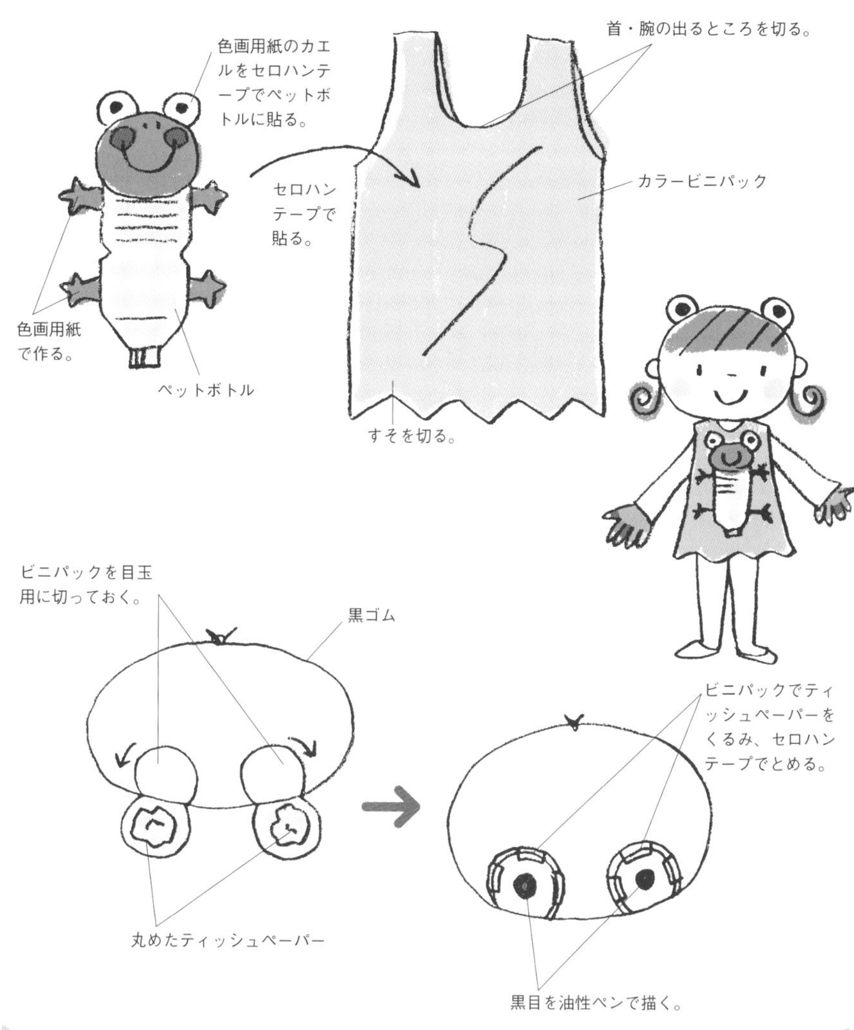

発表会に

①②をくり返す。

♫ かえるのうたが
きこえてくるよ

①両手をワイパーのように左右に揺らす。

♫ クヮクヮクヮクヮ
ケケケケケケケケ
クヮクヮクヮ

②ペットボトルをこする。

♪かえるのうたが～

1コーラス目 ★前奏でグループ1が前に出たあと、1コーラス分をうたう。

グループ1（みどり）

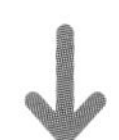

グループ2（あか）

グループ3（きいろ）

★使用する音源が何コーラスかによって、1コーラス1グループにグループ分けする。

★自分がどのグループなのかわかりやすいように、グループごとに、衣装の色を変えて、色分けしてもよい。

2コーラス目

2コーラス目は、グループ2が前に出てうたう。最後のグループまでうたい終わったら、みんなで真ん中に集まってかえるのポーズをとる。

状況に応じて、前後に移動するところを、立ったり座ったりしてもよいですね！

グループ1

グループ3

グループ2

18.崖の上のポニョ

年中～年長児向け

＊楽譜P.62～63

～日常保育から発表会まで～

♪ポニョポニョポニョ～と、みんなで元気にうたいながら、かわいい「ポニョ」になって、あそびましょう。ポップで、フレッシュなパワーをもっともっと輝かせて、思いっ切りハッピーワールドを楽しみましょう！

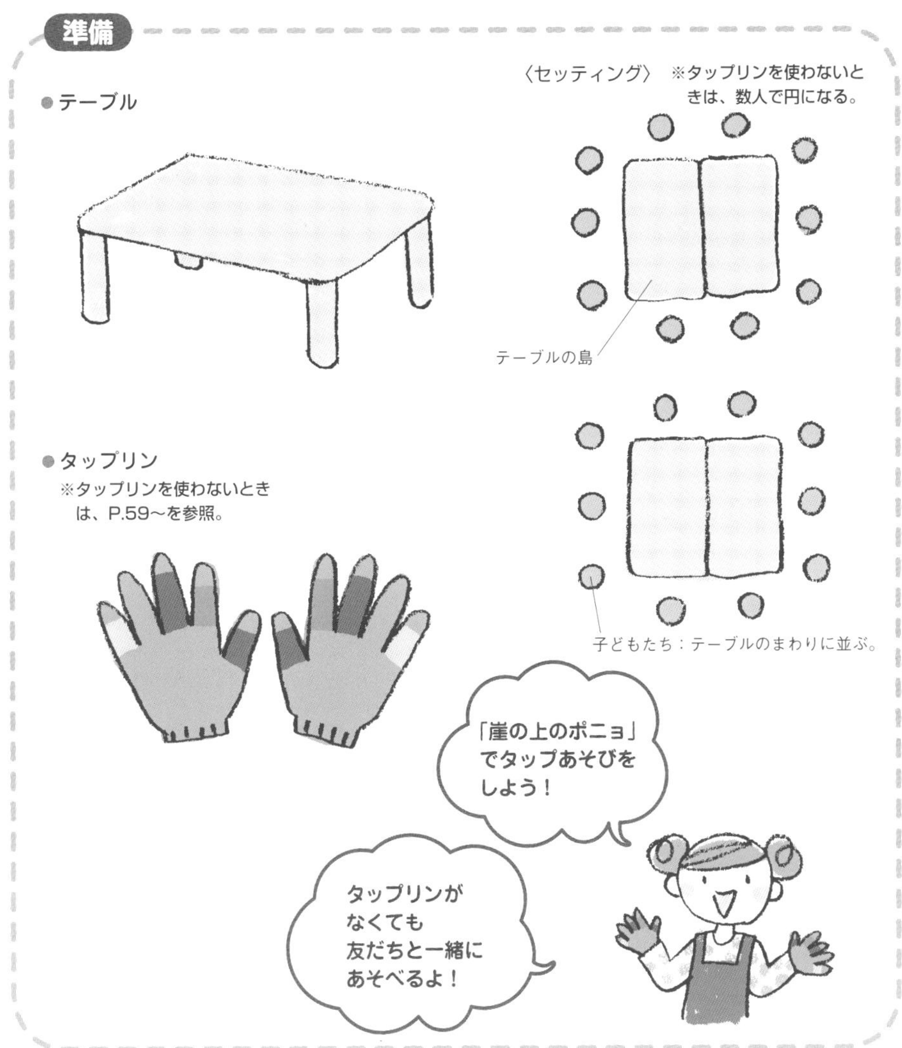

あそぼう

♫（前奏）

友だちに手を振る。

①タップリンなしバージョン

友だちと顔を見合わせながら、リズムに合わせてひざの上を6回たたいて、手を広げる。

1番

① ♫ ポニョポニョポニョ さかなの

リズムに合わせてテーブルを6回タップする。

♫ こ

ひじを曲げて、両手を横にパッと広げる。

② ♫ あおいうみから やってきた

両手を魚のひれのようにひらひらさせて1回りする。

③ ♫ ポニョポニョポニョ ふくらんだ まんまる おなかの おんなのこ

①②をくり返す。

④ ♫（間奏）

音楽に合わせて楽しく揺れる。

⑤ ♫ ペタペ　タ　ピョンピョ　ン

ペタペ：右手・右足を出す。

タ：そろえる。

ピョンピョ：左手・左足を出す。

ン：そろえる。

⑥ ♫ あしっていいな

足踏みの用意。

⑦ ♫ かけちゃお

足踏みをする。

⑧ ♫ ニギニギ ブンブン

⑤をくり返す。

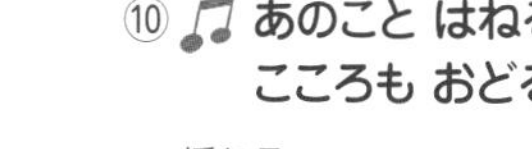

⑨ ♫ おててはいいな
つないじゃお

手をつなぐ。

⑩ ♫ あのこと はねると
こころも おどるよ

揺れる。

⑪ ♫ パクパク

いっぱいタップする
（ドラムロール）。

チュッギュッ

動きを止める。

⑫ ♫ パクパク
チュッギュッ

⑪をくり返す。

⑪タップリンなしバージョン

足踏みしながら、ひざの上をいっぱいたたき、「チュッギュッ」で止まる。

⑬ ♫ あのこがだいす

両手をパーにして
タップする用意。

き

いっぱいタップする
（ドラムロール）。

⑭ ♫ まっかっかの

両手をパーにしてタップする
用意。

⑮ ♫ ポニョポニョポニョ
さかなのこ
〜まんまる おなかの
おんなのこ

①〜②を２回くり返す。

♫（間奏）

泳ぐまねをして、ほかの島（テーブル）に移動し、セッティングのときのように机につく。

※タップリンを使わない場合は、
１つの大きな円になる。

2番

⑯ ♫ フクフク いいにおい
～まんまる おなかの げんきなこ

1番をくり返す。

♫（後奏）
小さく集まって……。友だちの顔を見てから、みんなで「いないいないばぁっ！」をする。

発表会に

左右を輪ゴムでしばる。

かぶせる。

カラービニパック
（全体の1/4を１人分とする）

キラキラテープ（25cmくらいを３本）をセロハンテープでつける。

平ゴムでとめるとよい。

牛乳パックをセロハンテープで貼りつける。（タップする側面以外は、色画用紙で飾ってもよい）

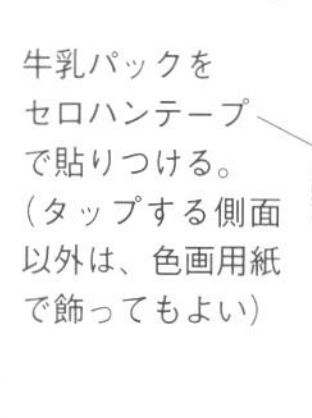

カラービニパック
（首とそで、すそを切る）

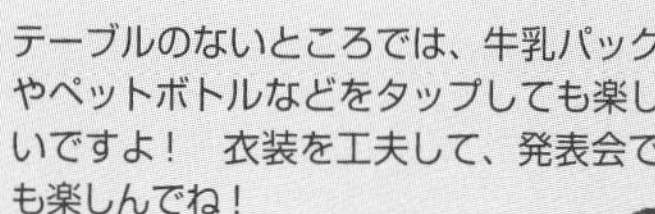
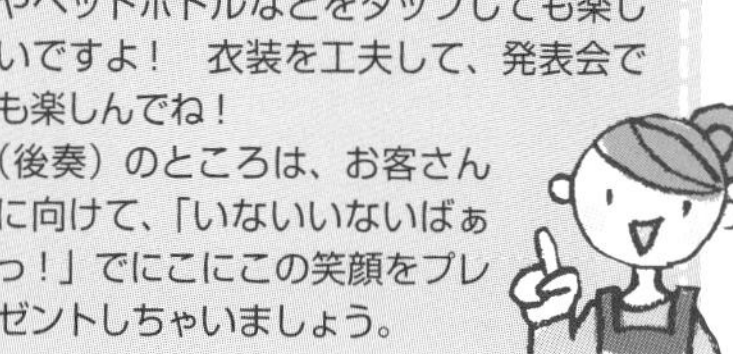

テーブルのないところでは、牛乳パックやペットボトルなどをタップしても楽しいですよ！　衣装を工夫して、発表会でも楽しんでね！
（後奏）のところは、お客さんに向けて、「いないいないばぁっ！」でにこにこの笑顔をプレゼントしちゃいましょう。

「崖の上のポニョ」

近藤勝也／作詞
宮崎　駿／補作詞
久石　譲／作曲

パ ー ク パ ク チュッ ギュッ！ パ ー ク パ ク チュッ ギュッ！
ワ ー ク ワ ク チュッ ギュッ！ ワ ー ク ワ ク チュッ ギュッ！
あ の こ が だ い す き
まっ かっ か の
ポ ー ニョ ポ ー ニョ ポ ニョ さ か な の こ
あ お い う み か ら
が け の ー う え に
や ー っ て き た
ポ ー ニョ ポ ー ニョ ポ ニョ
ふ く ら ん だ
お ん な の こ
ま ん ま る お な か の
おん な の こ ー
げん き な こ ー
1.
2.

あべ えみこ

東洋英和女学院短期大学保育科卒業。1992年から4年間、NHK教育テレビ『うたってゴー』に歌のお姉さんとしてレギュラー出演。1993年から10年間、NHKラジオ『ことばの教室』に出演。現在、NHKラジオ『おはなしの旅』にたびたび出演中。そのほか、CDやビデオの収録、ファミリーコンサートなどで全国的に活動している。日本遊育研究所研究員。

瀬戸口清文

鹿児島県薩摩郡出身。日本体育大学卒業。大学3年の終わりから13年間NHK『おかあさんといっしょ』に“体操のお兄さん”としてレギュラー出演。その間、京急幼稚園に11年間勤務。現在、大妻女子大学教授を務める。日本遊育研究所を主宰するほか、講演・講習などでも活躍中。

イラスト／すみもと ななみ
デザイン／(株)明昌堂
編　集／荻田果林・橘田 眞

※タップリンの商品についてのお問い合わせは、(株)メイトまたは、弊社特約代理店までお願いします。

2009年7月　初版発行 ©

著者　あべ えみこ
監修　瀬戸口清文
発行者　竹井 亮
発行所　株式会社 メイト
〒332-0031　埼玉県川口市青木3-13-3
TEL 048-250-1500（代）
印刷所　カシヨ(株)

JASRAC　出 0907549-901